Juliette Patissier

FERMENTIEREN

MAGIE IM GLAS

Übersetzt von Claudia Händel

ulmer

In die Welt der Fermentation einzutauchen ist der beste Weg, sich immer in guter Gesellschaft zu befinden! Vielen Dank an die Mikroben, die mit mir meinen Kühlschrank, meine Küche, meinen Körper, mein Leben teilen... sie sind eindeutig die Helden dieser Geschichte!

Aber ich hatte auch großartige menschliche Gesellschaft: Danke an Clément, der mir meine ersten Kefirkörner geschenkt, an Lila und das ganze Team bei Ulmer France, das meinen Spleens Leben eingehaucht hat & an alle, die bei unseren Unterhaltungen über meine Kulturen mit Neugier reagiert haben.

Und vor allem danke an die Liebhaber, Experten und Laien für ihre Gesprächsbereitschaft!

Mehr auf Instagram
Juliette Patissier
@PlantPlantZinePlant

Von derselben Autorin: « Comment avoir des plantes gratuites chez soi? »

Bald auch auf Deutsch!

INHALT

GRUNDPRINZIPIEN

LAKTOFERMENTATION

GETRÄNKE

SAATEN

SCHLUSS

FERMENTATION
KURZE DEFINITION!

FERMENTATION IST DIE TRANSFORMATION VON LEBENSMITTELN DURCH MIKROORGANISMEN.

Die Mikroben sollen ungestört ihr Werk verrichten, damit hinterher alles richtig CHIC aussieht!

DIE MIKROORGANISMEN

ZOOM →

Ein Haufen **BAKTERIEN**

aus **PILZEN**
(darunter Schimmelpilze)

&

HEFEN

DIESE KLEINE WELT LEBT MANCHMAL IN SYMBIOSE,

das heißt, wie in einer ~~Hippiekommune~~ unabhängigen bunt gemischten Gemeinschaft.

DIE MIKROORGANISMEN ESSEN UND VERWANDELN BESTIMMTE BAUSTEINE VON LEBENSMITTELN (MEISTENS ZUCKER) ...

... IN SOLCHE, DIE DEM FERMENTIERTEN LEBENSMITTEL SEINE SUPERKRÄFTE VERLEIHEN!

DIE UNGLAUBLICHEN TALENTE VON

SUPER-GÜRKCHEN

Der erste Held der Laktofermentation.

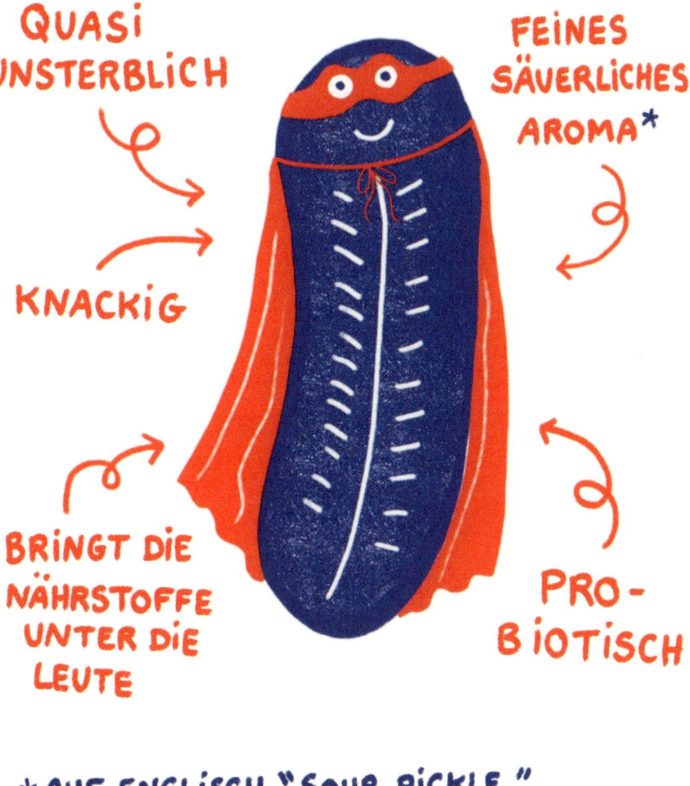

*AUF ENGLISCH "SOUR PICKLE".

DAS
FERMENTIEREN
GEHÖRT ZU DEN
ÄLTESTEN
TECHNIKEN DER
MENSCHHEIT

UND IST VERMUTLICH
SO ALT WIE
DAS KOCHEN!

DAS MACHT CA.
450 000 JAHRE
ERFAHRUNG
AUF DEM GEBIET.

NICHT ÜBEL.

ES GIBT SIE IN **ALLEN KULTUREN** DER WELT.

OFT HAT SIE EINE LANGE TRADITION, DIE MANCHMAL BIZARRE FORMEN ANNIMMT!

ZUM BEISPIEL DER FERMENTIERTE GRÖNLAND-HAI.

DAS BUCH VON **MARIE-CLAIRE FRÉDÉRIC** ÜBER DIE GESCHICHTE FERMENTIERTER LEBENSMITTEL IST GROSSARTIG.

EINIGE BEISPIELE
FÜR FERMENTIERTES

Eine BEMERKUNG
AM RANDE ZUR
FERMENTATION

WARUM FERMENTIEREN?

Kleine Auswahl guter Gründe!

1 WEIL ES LECKER ist!

Fermentierte Lebensmittel und Getränke haben ein exquisites & einzigartiges Aroma! Ob Brot, Käse, Bier, Wein, Kimchi, Kaffee... sie sind das Herzstück der Esskultur und Traditionen der ganzen Welt. Und das ist kein Zufall. Die Fermentation entfaltet das gesamte Aromen-spektrum der Lebensmittel. Mmmmmmh! ♥

WEIL ES UNS GUT TUT

Fermentierte Lebensmittel sind bekömmlicher, speichern Vitamine besser und sind (oft) noch LEBENDIG, wenn man sie isst! Das heißt, sie enthalten etwas, das unsere DARMFLORA stärkt und schützt.

Und das ist nicht nur gut für den Bauch, sondern auch für den Kopf!

Ha, und noch etwas: Fermentiertes essen ist UNGEFÄHRLICH.

Versprochen.

3 Weil es NEUGIERIG macht

Der Vorgang der Fermentation galt lange als GÖTTLICH oder MAGISCH.

Aber hinter der Magie liegt eine unglaubliche MIKROSKOPISCHE Welt, von der wir viel über uns und die uns umgebende Welt lernen können, deren BASIS diese Mikroben sind!

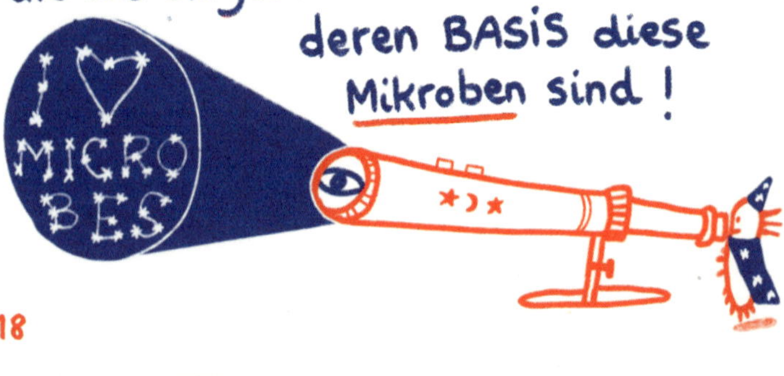

4 WEIL ES AUFMERKSAMKEIT UND ZEIT BRAUCHT

Es ist die Rede von SLOW FOOD, wenn das Rezept lautet:

Können: ★☆☆ | Kosten: € € € | Dauer: 1 JAHR

Ohne gleich in dieses Extrem zu verfallen, ist schon nach wenigen Tagen zu sehen, wie sich alles entwickelt, wächst, Blasen bildet, Farbe und Geruch sich ändern …

Dann wird aus einem einfachen Glas PURE EMOTION!

5 WEIL ES ERSCHWINGLICH IST!

Man muss kein(e) Chemiker(in) oder Küchenchef(in) sein! Und man braucht weder viel Equipment noch seltsame Zutaten.

Man kann SPONTAN, ENTSPANNT & SELBST fermentieren.

Fermentieren ist Gemeingut, folgt einer langen Tradition, ist LEBENDIG und lässt sich auf fast alles anwenden!

WEIL ES SICH TEILEN LÄSST

Ganz egal, ob es um ein Geheimrezept der polnischen Oma, eine Anekdote über einen 40 Jahre alten Sauerteig, Tipps zu einem kuriosen Gemüse, ein Glas mit Kefirkörnern oder auch ein spektakuläres und aromatisches Gericht geht.

7 Weil es sich super (und günstig) zum Konservieren eignet

Damit man das ganze Jahr über Sommerliches genießen kann und nichts verschwendet! So kann man immer das Beste jeder Jahreszeit schnabulieren.

8 Weil es eine (kleine aber direkte) Form des Widerstands

gegen die Gleichförmigkeit alles Lebendigen ist. Und weil wir das Besondere, das uns umgibt und ernährt, fördern: Lebensmittel, Mikroben, überliefertes Wissen.

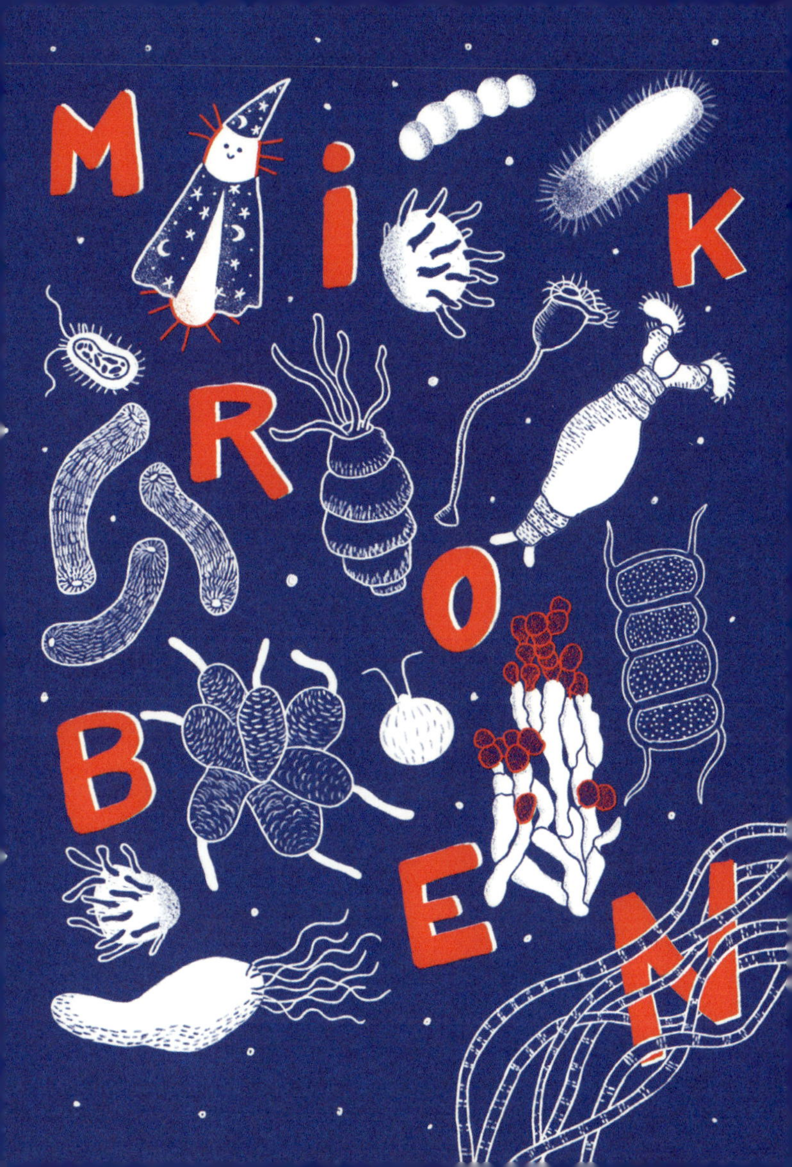
MiKROBEN

Das Wort

MIKROBEN

macht oft Angst …

Damit sie sympathischer wirken, spricht man auch von

Mikroorganismen

In jedem Fall gibt es unter ihnen "Bösewichte", aber auch VIELE "Gute".

EIN PAAR RÄTSEL, DIE BEWEISEN, DASS MAN MIKROBEN MAG:

Welcher VERRÜCKTE Reflex bringt uns dazu, FEUCHTE KÜSSE auszutauschen?

Und warum fällt das Butterbrot immer auf die falsche Seite?

Aber du kannst es essen, wenn es höchstens 5 Sekunden auf dem Boden liegt!

LOUIS PASTEUR beweist als erster, dass Hefen lebendige Wesen sind!

Später erhitzt man die Lebensmittel, um einen Teil (das ist die PASTEURISIERUNG) oder alle Mikroben (STERILISATION) abzutöten.

So geht man bei Konservendosen vor.

← Nichts Lebendiges da drin

☺ Das ist toll, um:

- Lebensmittel **stabil** zu konservieren
- alle Mikroben abzutöten, unter anderem die fiesen **Keime**.

☹ Das taugt nicht, um:

- die Vitamine der Produkte zu erhalten
- vor **krankmachenden** Mikroben zu schützen, wenn dabei etwas schief geht.

Ohne Mikroben-Konkurrenz sind sie die Ölmagnaten in den Konserven ...

WIE WICHTIG EINE VIELFALT AN MIKROBEN IST, SIEHT MAN GUT AM MENSCHLICHEN KÖRPER.

INSGESAMT HELFEN SIE UNS BEI ALLEM. SEITDEM ICH DAS WEISS, FÜHLE ICH MICH NIE MEHR ALLEIN.

WILLKOMMEN MIKROBEN

PROBIOTIKA sind die Mikroben, die man isst. Fermentierte Lebensmittel sind voll davon.

PRÄBIOTIKA sind das, was unsere Mikroben essen, z.B. FASERN.

Antibakterielle Mittel und Antibiotika nur verwenden, wenn sie nötig sind.

IHNEN VON ZEIT ZU ZEIT DANKE SAGEN

Einige **EPISCHE MISSIONEN**, die mit Bravour von unserer Mikrobengemeinschaft gemeistert wurden:

Ergebnis der Mission: die Feinde haben Mühe, sich festzusetzen und ziehen sich zurück!

Zerteilung von Riesenmolekülen dank magischer "Enzyme".

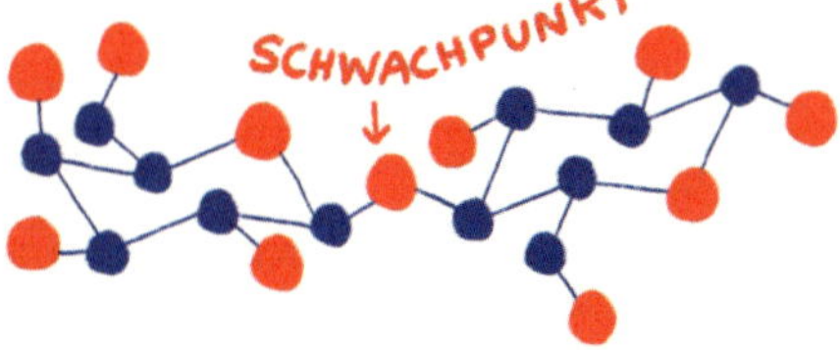

Ergebnis : die zähesten Gegner werden erbarmungslos vertrieben und den Magensäften zum Fraß vorgeworfen.

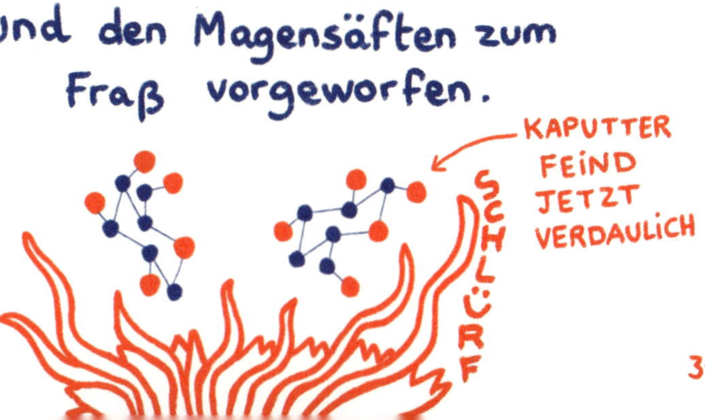

Man spricht oft von **Spontaner Fermentation**, denn die meisten kultivierten Mikroben existieren bereits überall um uns herum!

VS bei der **gezielten Fermentation** führt man eine spezielle Mikrobe ein. Zum Beispiel:

Daher genügt es, sie einzufangen und ihnen ein bequemes Quartier ohne zu viele Feinde und mit etwas Essbarem anzubieten.

DIE GROSSEN MIKROBEN-FAMILIEN FÜR DIE FERMENTATION

LAKTO-BAKTERIEN (Sauerkraut, Pickles, Sauerteig, Käse, Joghurt …)

- Essen Kohlenhydrate
- Bilden Säure und CO2
- Verabscheuen Luft

BOTULISMUS-Bakterien verabscheuen Luft und Säure. Daher finden sie keine guten Bedingungen bei der Fermentation vor.

HEFEN

(Getränke, Sauerteig, Kefir ...)

- Essen Zucker
- Bilden Alkohol und CO2
- Lieben Luft

ESSIGSÄURE-BAKTERIEN

(Essig, Kombucha ...)

- Essen Alkohol
- Bilden Säure
- Lieben Luft

PILZE

(Miso, Tempeh, Käse ...)

Jeder ist einzigartig, aber alle lieben sie Luft!

DIE VIER

für Fermentationen ...

Du sollst deine Hände, die Gläser und andere Utensilien mit heißem Wasser waschen und sie mit einem sauberen Geschirrtuch (oder an der Luft) abtrocknen.

→ MÜSSEN IM GEGENSATZ ZU KONSERVEN NICHT STERILISIERT WERDEN.

Du sollst aus der Kultur die Luft rauslassen und das Glas nicht öffnen.

EINMAL GEÖFFNET, WANDERT DAS GLAS IN DEN KÜHLSCHRANK!

GEBOTE

ohne teuflische Störenfriede.

Du sollst die Gabel, die deinen Mund oder ein anderes Glas besucht hat, nicht mehr in das Glas stecken.

SERVIERE PORTIONEN IN KLEINEN SCHÜSSELN ODER AUF DEINEM TELLER.

Du sollst auf deine Sinne (vor allem deinen Geruchssinn) vertrauen. MANCHMAL RIECHT ES STRENG (VOR ALLEM KOHL), ABER NICHT WIRKLICH SCHLECHT. WENN ES SEHR STARK NACH ALTEM MÜLL STINKT, WIRFST DU ALLES WEIT WEG.

Wenn man sie kennt, machen einem gewisse Mikroben weniger Angst.

Auf der Oberfläche (in Kontakt mit Luft) bildet sich manchmal ein Biofilm, ein weißer oder grauer Schleier, manchmal mit Blasen. Das sind harmlose Hefen. Man kann sie entfernen, das Glas kühl stellen und den Inhalt essen.

Die **Schimmelpilze** sind haarig, bunter und meistens sehr punktuell und keine Fieslinge.

Etwa so wie Schimmel auf Marmelade: riecht sie gut, nimmt man ihn weg ... und vergisst ihn!

Kleiner Leitfaden für das Fermentations-Equipment

Die Behälter

Die gibt es überall! In unseren Schränken, unseren Mülleimern (oder denen der Nachbarn), im Supermarkt oder auf dem Flohmarkt. Man muss nur Metall und Schmutz vermeiden, die Augen aufhalten und sich eine schöne Sammlung zulegen.

SCHRAUBBEHÄLTER
Deckel aus Metall
oder Plastik
MARMELADE
KOMPOTT
PEANUTS
Kleine & (sehr) große
Kleine Teile aus Metall oder integrierter Verschluss
Tradition
EINWECK-GLÄSER (das Beste vom Besten)
Sauber & in gutem Zustand
1L
1,5L
1€
VOM FLOHMARKT
muss nicht jedes Mal gewechselt werden!

Man kann sich immer mit dem behelfen, was gerade zur Hand ist, vor allem, um 1. Erfahrungen zu sammeln. Ist man von dem Experiment überzeugt, legt man sich praktischere Utensilien zu! Bestimmte Sachen sind wirklich sehr praktisch:

Bestimmtes Gärgut braucht Luft, aber KEINES braucht Fliegen oder Larven!

Ein Schutzwall muss her. Dazu schneidet man Stoffquadrate oder Küchenpapier zu und befestigt diese mit einem Gummiband. Es funktioniert auch, wenn man eine alte Strumpfhose zusammenbindet (eingebautes Gummiband!)

Dagegen fürchtet so manches Gärgut die Luft, denn durch Kontakt mit Luft entwickelt sich der Schimmel. Daher hält man die Lebensmittel mit Gewichten unter Salzwasser.

Traditionell nimmt man zum Beschweren Keramik, man kann aber auch viele andere Dinge nehmen!

LORBEER
KOHL
Blätter, die man wie Deckel über das Gemüse legt.
GRÜNKOHLSTÄNGEL
Gut gewa-schene
KIESELSTEINE
SAUERSTOFF
Kleine Glasgefäße, die in größere Glasgefäße passen.
Vani
GEMÜSE UNTER WASSER
Ein mit Wasser gefüllter & verschlosse-ner Gefrier-beutel …

Zum Aufkleben der Etiketten auf das Glas ein kleiner Trick von Oma:

Einen Schuss Kuhmilch (sie enthält Kasein, das klebt) in ein Schälchen geben

Die Etiketten auf normalem Druckerpapier schreiben, zeichnen, drucken.

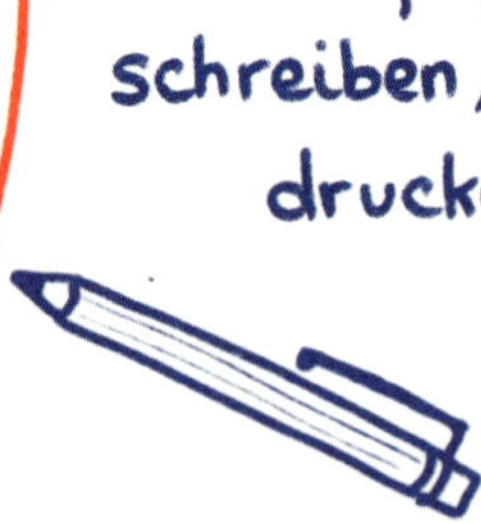

Hier gibt's fertige Etiketten von mir:

www.ulmer.de/
juliettes-etiketten

Schneide deine Etiketten zu, tauche sie in etwas Milch ein und lege sie unter Antippen auf das Glas.

Beim Trocknen klebt es und mit warmem Wasser lässt es sich ablösen!

NOTIZEN MACHEN

In einem Büchlein trägt man Rezepte und Ergebnisse ein.

Auf die Gläser kommen die Etiketten mit Beschriftung und vor allem mit

DATUM

Kreppband ist ideal! Versetzbar, leicht zu entfernen, billig und farbenfroh!

Die 5
Schlüssel
zur Fermentation

5 SCHLÜSSEL-ELEMENTE ZUR FERMENTATION

Es ist Zeit für einen Überblick über die Tipps und Tricks, die man im Kopf und im Schrank haben sollte.

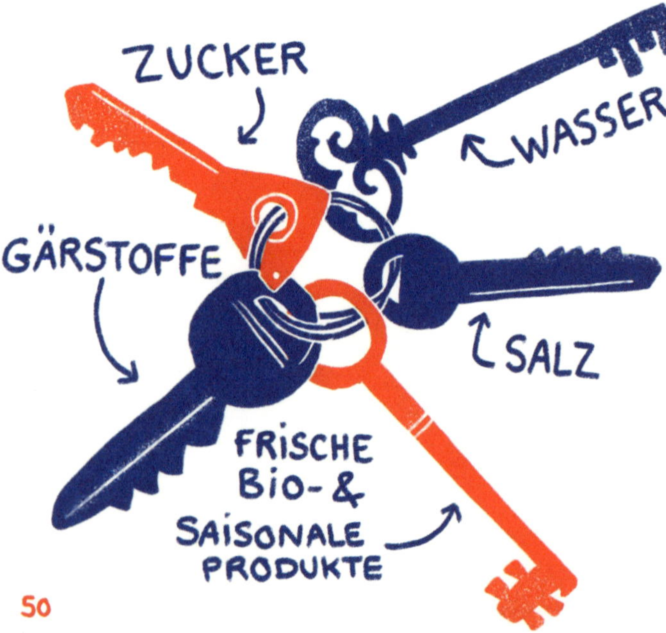

WASSER

Leitungswasser mit Zimmertemperatur tut es auch! Im Idealfall nimmt man sich die Zeit und entfernt das antibakterielle CHLOR, das die Entwicklung "guter" Bakterien einschränkt.

Chlor verdampft, wenn man das Wasser einige Stunden an der Luft stehen lässt. Einfach!

SALZ &

Salz lässt eine günstige Umgebung für unsere Kumpel, die "guten" Bakterien, entstehen, indem es die krankmachenden Bakterien neutralisiert.

Bonus: mit etwas Massage lässt es das Gemüse "schwitzen", was oft von Vorteil ist!

BESTES SALZ:

OHNE ZUSÄTZE,
100% SALZ

ZUCKER

Mikroben sind süchtig nach Zucker und verschlingen ihn, wo sie ihn nur finden, auch wenn sie Moleküle spalten müssen, um an den Zucker zu kommen, der in den fermentierenden Lebensmitteln vorhanden ist. Der wird oft zugegeben, um fermentierte Getränke zu machen.

BESTER ZUCKER

WENIG RAFFINIERTER ROHRZUCKER

(die anderen Süßstoffe vermeiden)

NACH MÖGLICHKEIT

BIO & SAISONALE

Bio deshalb, weil auf unseren Produkten nur gute Mikroben sein sollen, damit die Fermentation gut abläuft.

Daher wäscht man das Obst oder Gemüse nur wenig oder gar nicht. Das heißt, eventuelle Pestizide bleiben im Gefäß.

PRODUKTE
BEVORZUGEN

SAISONAL deshalb, weil das immer <u>besser</u> ist! Generell gilt, verdorbene, überreife oder solche Produkte, die "künstlich" konserviert sind, wie bestrahlter Ingwer, zu vermeiden. **Kurz gesagt, je frischer, desto besser!**

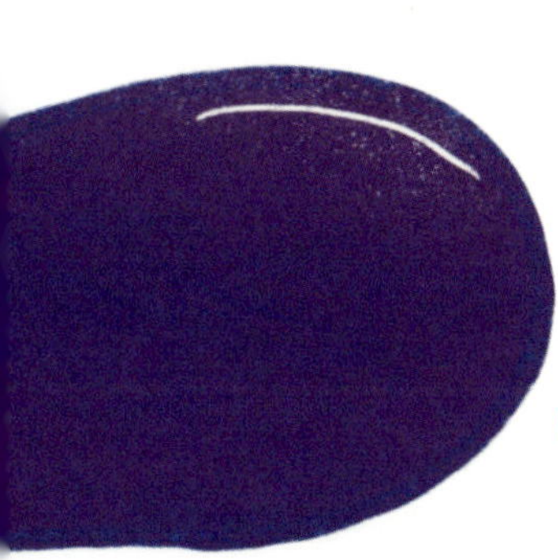

FÜR GANZ BESTIMMTE SACHEN MUSS MAN MIKROBENGEMEINSCHAFTEN HINZUFÜGEN:

GÄRSTOFFE

Einige davon kann man selbst züchten. Ihnen muss man unbedingt einen Namen geben.

SAUERTEIG

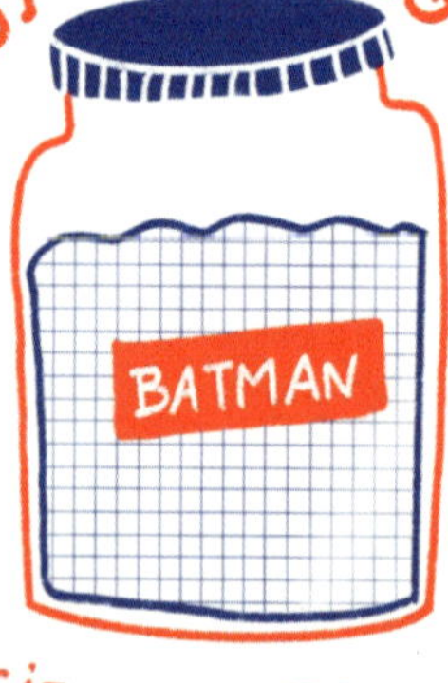

SIEHE S. 132

INGWER SAUERTEIG

SIEHE S. 101

Einige Sauerteige, dich ich kenne (nur so als Idee): Cornelius, Tornado, Gargantua ...

Am einfachsten fragt man Leute, die welche haben, denn die Gärstoffe sind SEIT JEHER UNENDLICH TEILBAR.

Einfach im Freundeskreis, bei deinem Bäcker, deinem Bioladen nachfragen.

Es gibt auch jede Menge Anzeigen im Internet, in Facebook-Gruppen oder Tauschbörsen zwischen Privatleuten ...

AM BESTEN FRISCH & GRATIS!

DAS WAR'S SCHON,
WIR SIND STARTKLAR!

LET THE MAGIC
BEGIN !

DIE ENTDECKUNG DER

LAKTO FERMENTATION

Die Basics zu Fermentation von Gemüse.

ZUERST EINMAL: EINE ERKLÄRUNG!

Hat nichts mit MILCH zu tun

Hat alles mit MILCHSÄURE zu tun

Lakto-fermentation

Da sich das nicht sehr appetitlich anhört, nennt man sie mitunter:

Milchsäure-gärung

Pickles

Lactobacillaceae lactobacillus

(& seine Großfamilie)

Seit dem Neolithikum aktiv

Verfügbarkeit: Sofort und ein bisschen überall, in den Menschen und außerhalb, auf unserer Haut und auf der Schale von Gemüse. . .

Berufserfahrung:
(unvollständige Liste)

Manager bei Sauerteig & Co.

* Verantwortlich für Joghurt & bestimmte Käsesorten

Aber VOR ALLEM:

* Projektleiter/innen auf Sauerkraut-Baustellen

* Verantwortlich für das Aufpeppen von Aroma, Nährstoffen und Probiotika von fast allen Gewächsen.

Unsere Freunde, die Laktobakterien, lieben:

Die Wärme eines Hauses, ideal, um sich in einem Glasgefäß einzurichten, und Kühle (Höhle, Kühlschrank), um sich auszuruhen.

Überhaupt keine Luft (Anaerobie) und den Kopf ganz unter Wasser: das PARADIES für die Bakterien!

SALZ und SÄURE!

Die meisten fiesen Mikroben verabscheuen das, weshalb unsere Milchsäurebakterien-Freunde schnell die Oberhand gewinnen.

Kein Zweifel!

Es gärt, wenn:

Der in den Lebensmitteln von Natur aus enthaltene Zucker...

... aufgegessen und in Säure verwandelt wird, der typische Geschmack von laktofermentierten Lebensmitteln.

Es entstehen Blasen und manchmal auch Schaum.

⚠ MIT DRUCK!

Echt jetzt.

Die Lebensmittel werden größer.

⚠ ÜBERSCHWEMMUNG!!

LAKTOFERMENTIERTES GEMÜSE IN DER KÜCHE INTEGRIEREN!

Es wird wie alles andere Gemüse gekocht, unter Beachtung dieser Besonderheiten:

Man verringert andere Säure (Zitrone, Essig ...)

Oder man mischt es mit anderem nicht fermentiertem Gemüse.

Oder man isst es mit einem "fettigen" Lebensmittel (Käse, Ei ...)

Weniger salzen.

Die Kochzeit reduzieren.

So entstehen neue AROMEN, die man entdecken kann!

UND DIE MIKROBEN?

Sie sterben, wenn man sie kocht, ABER man profitiert dennoch von ihrer Arbeit! Aroma, Bekömmlichkeit, Konservierung von Nährstoffen, Postbiotika!

← FÜR EINE GUTE SACHE GESTORBEN.

Kleines Memo-Board

Art	Gemüse
Gesalzenes Gemüse	Kohl, Wurzelgemüse GEHACKT oder GERIEBEN
Gemüse in Salzlake	Ein bisschen von <u>allem</u>. IN STÜCKE GESCHNITTEN (oder kleines Gemüse ganz lassen)
Kimchi	Nach Rezept geschnittener Kohl oder Wurzelgemüse

für Profis

BALD BIST DU DAS.

Salz	Dauer*
1 oder 2 % des Gemüsegewichts + UNTERKNETEN zum Entwässern	1 Woche bei Zimmertemperatur, dann 3 Wochen kühl lagern (Höhle, Kühlschrank…)
In eine Salzlake mit 3 % Salz EINLEGEN (30 g Salz in 1 L Wasser)	4 bis 7 Tage. Dann ca. 2 Wochen
Vorpökeln in Salzlake mit ≈15 % Salz über 3 Std., danach ABSPÜLEN!	Ist in 2 oder 5 Tagen fertig. Probieren! Dann kühl aufbewahren.

* das ist die Vorbereitungszeit, nicht die Aufbewahrungszeit.

Am Anfang Zimmertemperatur, dann ab ins Kühle solange, wie man will.

Kleiner Teller, falls es überläuft.

GEMÜSE
IN SALZLAKE
LAKTO-
FERMENTIEREN
(das ist ein passendes Wort für
«SALZIGES WASSER»)

DIE IDEE IST EINFACH

+ ODER – BELIEBIGES GEMÜSE EINGELEGT IN

Salzlake

2 Esslöffel Salz (≈ 30 g) …

… gut vermischt mit 1 Liter Wasser.

↳ Das gibt eine 3%ige Salzlake.

UND LOS GEHT'S! REZEPT IST FERTIG!

Jetzt kannst du tausend Sachen ausprobieren.

Die Fermentations<u>dauer</u> hängt von der Größe der Gemüse(stücke) und der Temperatur ab (je wärmer, desto schneller fermentiert es).

Alle Varianten probieren, notieren und beobachten!

EINIGE BEISPIELE

NACH SAISON

WINTER

Rote Bete ♥, Lauch, Rosenkohl, (rote) Zwiebeln, Pastinaken, Knollen-sellerie …

FRÜHLING

Spargel, Fenchel ♥, Rettich, Gurken Knoblauch, Blumen-kohl, Kohl-rabi …

SOMMER

Gewürzgurken, Auberginen ♥, Chilis, Paprika, Brokkoli, Tomaten …

HERBST

Kürbisse, Pilze, Karotten ♥, Steckrüben, Sellerie, Schalotten, Tobinambur …

♥♥ meine Lieblinge

ABER AUCH …

BLÄTTER
(von Weinreben, alle zusammengerollt. Für Dolmas, mmmh.)

KNOSPEN
(von Kapern …)

KÖRNER
(von Senf …)

MISCHUNGEN
(Rote Bete färbt Rüben wunderschön)

ETWAS, WORAUS MAN GEWÜRZE ODER SAUCEN HERSTELLEN KANN …

PIKANTE SAUCE

MAN BRAUCHT:

- + oder - pikante Chilis nach Geschmack
- Einige Knoblauchzehen
- oder jedes andere Gewürz deiner Wahl
- Genug 3%ige Salzlake zum Bedecken des Gemüses
- Handschuhe für die wirklich Krassen Chilis

Entstielte Chilischoten in ein Glas schichten.
Gewürz hinzugeben.
Mit Salzlake bedecken.
Gefäß verschließen.

Du siehst Blasen, es macht pschhhht und die Salzlake wird trüb? Du magst den Geschmack?

Zeit zum MIXEN!

Zuerst das Gemüse.

Nach und nach die Salzlake für die perfekte Konsistenz.

FERTIG!

Du kannst sie in Flaschen abfüllen, sehr lange kühl aufbewahren und etwas davon in all deine Gerichte geben!

WENN DAS GEMÜSE AUFGEGESSEN UND SALZLAKE ÜBRIG IST?
DANN NIMMT MAN SIE ZUM KOCHEN!
Für Vinaigrettes oder zum Ablöschen von Pfannengemüse...
≈10%
... ODER MAN TUT ETWAS DAVON IN NEUE ANSÄTZE als "STARTER" mit guten Bakterien.
Vor allem für Obst, das ohne Salz und "aktive" Salzlake in Alkohol fermentiert.
Vollgestopft mit Laktobakterien.

GEMÜSE IN SALZ FERMENTIEREN

Wenn man __frisches__ Gemüse ziemlich schnell __salzt__, verlässt Wasser das Gemüse! Diese Phänomen heißt

« OSMOSE ».

(Ungefähres wissenschafticHes Schema)

Salz und Wasser zusammen sind das perfekte Paar, um... kleine niedliche Laktobakterien aufzunehmen!

Damit das funktioniert, muss das Gemüse (wahlweise) gerieben/gehackt/dünn geschnitten sein.

Dann wiegt man das Gemüse und gibt 1 % dieses Gewichts an Salz dazu.

Wenn das geriebene Gemüse schön dicht in ein Glas geschichtet wird, badet es in seinem eigenen Saft. VOILÀ!

WENN DU DIESELBE MEINUNG (WIE ICH ZUVOR) ÜBER KOHL UND SAUERKRAUT HAST

... DANN WIRD'S ZEIT, DASS DU SAUERKRAUT MACHST!

IN SALZ FERMENTIERTES GEMÜSE IST:

Säuerlich
Frisch
Prickelnd
Leckere ROHKOST

In einem Sandwich oder Hot-dog

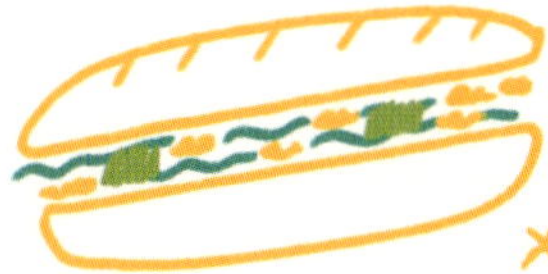

Zum snacken den ganzen Tag über

Im Salat oder als Beilage zum Gericht!

Und auch bekömmlicher und voll mit VITAMINEN!
(das wussten die Seeleute mit Skorbut)

Die KÖNIGIN der gesalzenen Gemüse ist

DAS SAUERKRAUT

ZUTATEN

Ein **KOHL** (Wirsing, Weißkohl, Rotkohl, Kopfkohl, Grünkohl, Krauskohl ...)

SALZ

1%
VOM KOHL GEWICHT

Beispiel:
1KG KOHL
↓
10G SALZ

WAHLWEISE

Ein in kleine Stücke geschnittener Apfel

Gewürze deiner Wahl

Kreuzkümmelsamen, Kümmel, Fenchel, Pfeffer, Knoblauch, Meerrettich, Thymian...

Schlechte Blätter und Strunk entfernen.
Ein oder zwei große Blätter zur Seite legen, die man später als Deckel nimmt.
DEN RESTLICHEN KOHL IN FEINE STÜCKE SCHNEIDEN.
saubere Hände
DANACH ALLES
DURCHKNETEN, bis der Kohl viel Wasser abgibt!
+ SALZ (+ Gewürze & ♡)
10 minuten
In ein sauberes Glas SCHICHTEN, damit die Luft rausgeht und das Ganze ein Bad nimmt!
GANZES BLATT
DATUM
Das Gefäß VER-SCHLIESSEN
Etikettieren & mind. 3 Wochen (oder länger) WARTEN.

VERSUCH'S MAL MIT...
... WURZELGEMÜSE!
Karotten,
Knollensellerie,
Pastinaken,
Rote Bete ...
+ Kümmel
... GEMÜSE-MISCHUNGEN...
Curtido ist eine salvadorianische Spezialität
... GEMISCHTER GEMÜSEPASTE ...
Brüh-würfel
Bär-lauch
... BLÄTTER FÜR PESTO ...
Basilikum
Pflaumen
Zitronen
... ODER SOGAR OBST!

Gemüse zu
Kimchi
Lakto-
-fermentieren

WAS IST KIMCHI?

Eine Spezialität und kulinarischer Kulturschatz aus KOREA!

Es ist fermentiertes Gemüse, oft pikant gewürzt, als Beilage oder Hauptgericht serviert.

Sehr lecker und sehr

UMAMI!

DAS GRUNDPRINZIP IST DIE KOMBINATION AUS:

GEMÜSE

DAS MEHRERE STUNDEN LANG IN SEHR STARKER SALZLAKE (≈15%) LAG UND DANN ABGESPÜLT WURDE

↑ Leckere Konsistenz

UND...

EINE "WÜRZPASTE", DIE JE NACH REZEPT UND TRADITION VARIIERT.

↑ Leckerer Geschmack

Die geheime Zutat des Kimchi ist koreanisches Chili:

GOCHUGARU

Es gibt dem Kimchi sein Aroma und seine lebhaft rote Farbe.

Man bekommt es als Pulver in Asia-Shops. Wenn du es nicht findest, ersetze es durch anderes gleich starkes Chili

Oder probier' weißes Kimchi ohne Chili aus, das BAEK Kimchi (lecker)!

Ja, denn es gibt TOTAL VIELE Kimchis!
Baechu
mit ganzem
oder
geschnittenem Chinakohl.
Kkakdugi
aus Rettich, das heißt, "im Würfel geschnitten".
Oisobagi
aus gefüllten Gurken...
Dongchimi, ein wässriges Kimchi...
UND SO VIELE ANDERE!

*Kimchi Baechu

DEN KOHL VORBEREITEN

1 DEN KOHL IN MUNDGERECHTE STÜCKE (≈ 5CM) SCHNEIDEN.

2 DANN IN DIE SALZLAKE LEGEN.

7 EL SALZ (75 G) + 2 TASSEN WASSER (50 CL)

Der Kohl muss sich biegen lassen, ohne zu brechen.

Mind. 1 Stunde, dabei von Zeit zu Zeit umrühen. Mach die Paste bis dahin!

3 DEN KOHL MINDESTENS 3 MAL ABSPÜLEN!

»WÜRZEPASTE«

ALLES MEGAKLEIN SCHNEIDEN …

1 Frucht

1 kleine Karotte

3 Frühlings-zwiebeln

Ingwer & Knoblauch

1/4 Daikon-Rettich

… UND ALLES VERMISCHEN.

5 EL Nuoc-mam-sauce oder Soja-Sauce.

5 EL Chili nach Geschmack.

4

DEN KOHL & DIE PASTE VERMENGEN

DANACH ALLES MIT SAUBEREN HÄNDEN ODER, WENN ES SEHR SCHARF IST, MIT HANDSCHUHEN VERMENGEN.

5

IN GLÄSER SCHICHTEN

NICHT KOMPLETT AUFFÜLLEN (2 CM)

2 BIS 3 TAGE BEI ZIMMER-TEMPERATUR BELASSEN.

Du kannst es nach 2 Tagen essen und es im Kühlschrank laaaaaaange aufbewahren.

Mit der Zeit wird es säuerlicher.

Man kann es auch kochen!

GEBRATENER REIS MIT Kimchi

MEGA-SCHNELL + MMMMMH!

Kann man mit einem Ei servieren.

+ Frühlingszwiebeln

FERMENTIERTE
GETRÄNKE

Die bekanntesten FERMENTIERTEN GETRÄNKE sind alkoholhaltige Getränke. Dank ihnen konnten unsere Vorfahren die Früchte des Sommers konservieren.

Und wenn das Wasser kontaminiert ist, trinkt man besser ein Bierchen aus lokalem Getreide, oder?

Seither hat man nie aufgehört, Getränke zu vergären oder Getränke aus fermentierten Zutaten herzustellen (z.B. Kaffee)!

Es gibt alle möglichen Getränke davon, darunter eine gute DIY-Variante: **NATÜRLICHE LIMONADEN**

Die ultimative Version "zero waste" kultiviert ...

Man findet sie auf der Schale von vielen Pflanzen.

Daher kann man zum Beispiel die Früchte essen und die "Reste" fermentieren lassen!

UNGEFÄHRES, ALLGEMEINES, & VARIABLES REZEPT

IN 1L WASSER IN EINEM GLASGEFÄß GIBT MAN…

4 EL ZUCKER

FRÜCHTE (ODER SCHALEN) ← UNGEFÄHR BIS HIER (≈ 200 G)

UND SCHWUPS! Man rührt um und geht nach den Grundprinzipien der folgende Seite vor →

REZEPTIDEE

Schale und Herz der Ananas + Zucker + Zimt + Chili + Ingwer

= TEPACHE ♥

DIE GRUND-

1 Eine gesüßte Flüssigkeit bei warmer Zimmertemperatur und an der Luft stehen lassen, bis Blasen erscheinen.

Ob sie von Natur aus da waren oder ob man sie zugibt, die Mikroben essen ca. 80% des vorhandenen Zuckers und verwandeln ihn in:

SÄURE ALKOHOL CO_2!

↳ SEHR WENIG

Umrühren hilft den Hefen und verhindert Schimmel!

PRINZIPIEN

2 (Bei Bedarf) filtern und in Flaschen abfüllen (verschließen).

Für mehr Fizz Zucker zugeben oder aromatisieren* und 1 oder 2 Tage bei Zimmertemperatur stehen lassen.

3 AB INS KÜHLE!

Das verlangsamt die Fermentation. PROST ☺

*INGWER ODER WACHOLDERDBEEREN = PRICKELT++

Gibt es von Natur aus keine wilden Hefen, muss man Mikroben einschleusen, um die Fermentation zu steuern.

→ 3 EL pro Liter gesüßter kalter Kräutertee: mmmh! Das schmeckt nicht nach Milch.

INGWER-STARTER

MAN BRAUCHT:

* BIO-INGWER, MIT HAUT GERIEBEN ODER GESCHNITTEN
* WARME ZIMMERTEMPERATUR
* ZUCKER
* WASSER

TAG 1:
1 EL:
- ZUCKER
- WASSER
- INGWER

TAG 2:
TAG 1 WIEDERHOLEN + OFT VERMISCHEN

DAS GANZE JEDEN TAG WIEDERHOLEN …

≈ TAG 6
BLASEN! DIE FLÜSSIGKEIT KANN JETZT VERWENDET WERDEN!

WENN ER RICHTIG AKTIV IST, KANNST DU IHN IM KÜHLSCHRANK AUFBEWAHREN.

ZUM "REAKTIVIEREN" ODER WENN ER AUFGEBRAUCHT IST:
ZUCKER, INGWER, WASSER, WÄRME ♥

* INGWERBIER *

AUF KOCHEN

1 L WASSER
+ 4 EL ZUCKER
+ 5 CM INGWER
+ ZITRONE

⚠ BEI ZIMMERTEMPERATUR **ABKÜHLEN LASSEN.**

≈ 5 TAGE

→ FILTERN UND IN FLASCHEN ABFÜLLEN.

½ TASSE FLÜSSIGEN INGWER-STARTER (150 ML) ZUGEBEN.

→ DAS BLUBBERT RICHTIG!

ETWAS INGWER-STARTER MACHT AUS JEDER GESÜSSTEN FLÜSSIGKEIT EINE LIMONADE! SIRUPE, KRÄUTERTEES, FRUCHTSÄFTE* ODER GEMÜSESÄFTE ...

* OHNE SULFITE

KefiR

Ein paar VOKABELN!

Die Körner von Kefir sind kleine klebrige Klumpen, Symbiosen aus Hefen und Bakterien.

ES GIBT ② SORTEN VON KÖRNERN, DIE ② SEHR VERSCHIEDENE GETRÄNKE (KEFIR) ERGEBEN:

KÖRNER VON MILCH-KEFIR

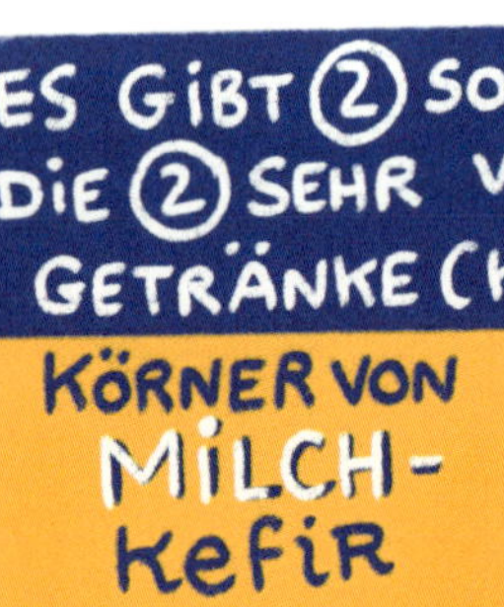

GETRÄNK SCHMECKT NACH ≈ JOGHURT

KÖRNER VON WASSER-/FRUCHT-KEFIR

GETRÄNK SCHMECKT NACH ≈ LIMONADE

Ihr Ursprung
ist sehr
MYSTERIÖS
& ALT.

Man kann sie nicht im Labor herstellen.

Die Industrie interessiert sich nicht wirklich für sie.

Sie werden daher notgedrungen* entlang einer sehr langen Geschenkkette von Hand zu Hand weitergegeben!

*manchmal stehen welche zum Verkauf, am besten bekommt man möglichst FRISCHE Körner geschenkt.

WASSER Kefir

1

1 EL Kefir-Körner

4 EL Zucker

1 L Wasser

1 getrocknete Feige (oder eine andere getrocknete Frucht (ohne Sulfite)

1/2 Zitrone

Alles vermischen, um den Zucker aufzulösen.

Die Feige schwimmt? Du siehst Blasen? HOPP! Du kannst die Körner und Feige herausnehmen und die Zitrone auspressen!

2 Jetzt wird aromatisiert (wenn du willst) …

↳ UNENDLICH VIELE MÖGLICHKEITEN

… und das Glas oder die Flasche verschlossen.

Wenn es prickelt und dir das gefällt (nach ca. 2 Tagen):

AB IN DEN KÜHLSCHRANK!

Die Körner halten sich im Kühlschrank in etwas Zuckerwasser. Das Wasser öfter wechseln.

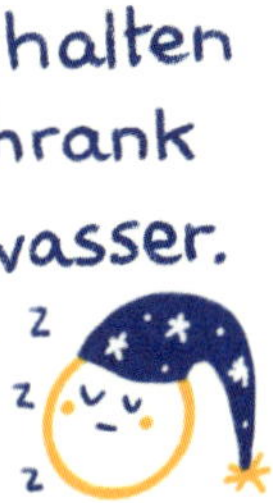

MILCH-KEFIR

100% EINFACH!

1 EL

KEFIR KÖRNER

50 CL

TIERISCHE MILCH (VOLLMILCH)

DIE KÖRNER ÜBERLEBEN NICHT LANGE IN PFLANZLICHER MILCH, KÖNNEN DARIN ABER AB UND ZU FERMENTIEREN!

Zwischen 2 Ansätzen schlafen die Körner im Kühlschrank, wobei die Milch regelmäßig gewechselt wird.

12 oder 24 Std. später

Die Milch ist dicker geworden, die Mikroben haben Laktose gegessen. Man kann die Körner herausnehmen und den Kefir als flüssigen Joghurt verwenden. Lässt man ihn bei Zimmertemperatur in verschlossener Flasche, fängt er an zu prickeln!

ODER MAN WARTET:

48 Std. später

Das Kasein trennt sich von der Molke. Man nimmt die Körner heraus & filtert das Ganze durch ein Tuch.

TADAA!

Frischkäse zum Anrichten!

Die Körner sind **LEBENDIG** und **VERMEHREN** sich bei jeder Fermentation.

Verteile sie in deiner Umgebung und verbreite Liiiiebe & Mikroben ♥

Wenn du sie länger aufheben willst, ohne sie zu verwenden, kannst du:

- SIE ENTWÄSSERN

  An der Luft, fern von Fliegen, auf Küchenpapier. Die Körner trocknen und werden gelb.

- SIE EINFRIEREN

ZUCKERWASSER TUT SIE WIEDERLEBEN, ABER SIE SIND NICHT SO AKTIV WIE ANFANGS.

Kom
bu
cha

Kombucha ist ein prickelndes, frisches, leicht säuerliches Getränk ♥

Es ist fermentierter gesüßter Tee.

Und der Gärstoff ist diese klebrige Scheibe.

Die Kombucha-MUTTER

(auch SCOBY* genannt)

Sie besteht aus Bakterien und Hefen und liebt:

* Symbiotic Culture Of Bacterias & Yeasts

Kombucha-Mütter werden privat in (sehr) saubere Hände verschenkt oder sogar per Post verschickt.

Wichtig ist, dass auch Flüssigkeit (Starter) dabei ist.

SELBSTGEMACHTE MUTTER

Wenn du NICHT PASTEURISIERTEN Kombucha im Kühlregal findest, kannst du die Hälfte trinken und die andere Hälfte in ein Gefäß mit etwas gesüßtem Tee bei Zimmertemperatur geben.

15/20 TAGE SPÄTER PLANSCHT EINE KLEINE MUTTER AN DER OBERFLÄCHE!

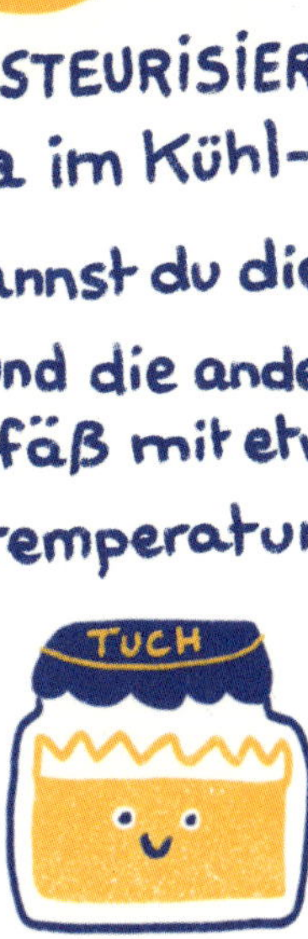

KoMbucha

1 TEE MACHEN

(≈ 8 g oder 4 Beutel guten Schwarztee auf 1 L Wasser.)

7 EL Zucker zugeben und gut umrühren.

ABKÜHLEN LASSEN !!!
(MAN WILL DIE MIKROBEN JA NICHT KOCHEN)

Kalter gesüßter Tee

+ 10 EL (100 ml) flüssiger Kombucha (Starter)

+ Kombucha-Mutter (oder-Tochter) mit der glatten Seite nach oben.

Auf ganz saubere Hände achten!

HINWEIS: Manchmal sinkt die Mutter auf dem Boden. Keine Panik!

2 ≈ 1 WOCHE SPÄTER

Wenn dir der Geschmack zusagt, die Mutter rausnehmen und das Ganze filtern. Du kannst ihn jetzt aromatisieren und 2–3 Tage länger verschlossen halten, um einen prickelnden Kombucha zu bekommen.

DANACH AB INS KÜHLE.

Hebe etwas FLÜSSIGKEIT auf, um die Mutter aufzubewahren & die nächste Ladung anzusetzen.

Bei jeder Fermentation bildet sich auf der Oberfläsche eine Kombucha-"TOCHTER".

Das ist also ein symbiotisches Matriarchat.

IHR QUARTIER: bei Zimmertemperatur mit etwas Luft

der glatten Seite nach oben,

in flüssigem Kombucha.

Mit mehreren SCOBYs kann man experimentieren! Fermentiere Kaffee, Kräutertees ... mit den Kombucha-Töchtern.

#ALL SCOBYs ARE BEAUTIFUL

Nicht alle SCOBYs sind rund, glatt und weiß.
Es sind Lebewesen, die manchmal bizarr, fleckig, knubbelig, einfach genial aussehen!
Beobachte, wie sie sich entwickeln und halte sie fern von Fliegen und Schimmel.

ESSIG

AUS OBST(RESTEN)

ÄPFEL, ANANAS, QUITTEN ....

In einem Glasgefäß mit 1,5 L:

* Schalen, Strünke, Obst zum Auffüllen der Hälfte oder mehr des Gefäßes
* 4 EL Zucker
* Mit Wasser bedecken

≈ 10 Tage lang jeden Tag vermischen, danach filtern.

DAS WIRD ZU ALKOHOL!

Nochmal ≈ 3 Wochen fermentieren lassen und von Zeit zu Zeit umrühren.
Der Alkohol wird von den Mikroben in Essigsäure umgewandelt, die manchmal eine ESSIGMUTTER bilden.

GETREIDE UND HÜLSENFRÜCHTE FERMENTIEREN

Um ihre kostbaren Körner vor den gefährlichen Pflanzenfressern zu schützen, haben sich Getreide und Hülsenfrüchte voll ins Zeug gelegt.

Sie sind nicht nur umbekömmlich, sie sind auch voll von PHYTINSÄURE, großen Molekülen, die schamlos die MINERALSTOFFE in unserem Darm stehlen: wir VERHUNGERN!

Die Fermentation von Getreide BEGRÜNDET daher unsere Zivilisationen. Unsere Kumpel, die MIKROBEN, machen die Phytasen kaputt, sodass wir uns von Saaten ERNÄHREN können!

Der einfachste Weg, Getreide und Hülsenfrüchte zu fermentieren, ist, sie vor dem Kochen ein (MITTER)NACHT(S)BAD nehmen zu lassen.

LINSEN

Es ist total einfach, aber das Einweichen von Getreide lässt die Mikroben schon gut arbeiten:

BOHNEN

BUCHWEIZEN

HAFER

↗ VERFÜGBARE VITAMINE

↗ BEKÖMMLICHKEIT

↗ GESCHMACK

NÜSSE

ERBSEN

↘ PHYTINSÄUREN

↘ KEIME

↘ KOCHZEIT

SONNENBLUMENKERNE

LEINSAMEN

Und das ist echt nicht kompliziert!

Gut. Fermentierte und gekochte Linsen sind ja ganz nett. Es geht aber besser.

HIER 3 REZEPTE, DIE GANZ WENIG ARBEIT MACHEN

& VIEL RUHE BRAUCHEN

Das magische Buchweizenbrot

SCHMECKT NUSSIG UND HERB.

Man braucht 3 Tassen

ungerösteten **BUCHWEIZEN**. Man kann eine der Tassen durch anderes Getreide (Quinoa, Hirse ...) ersetzen.

Wie immer weicht man zuerst das GETREIDE 12 Std. in 3 x seines WASSERvolumens bei Zimmertemperatur ein.

DAS IST KLEBRIG

DANACH GUT ABSPÜLEN UND GUT ABTROPFEN LASSEN

Dann das Ganze mit etwas WASSER und einem TL SALZ vermischen lassen, bis man eine Konsistenz von Pfannkuchenteig hat, und lässt es 24 Std. ruhen.

Zum Schluss FÜLLT man den Teig in eine Form & wartet wieder 2 Std. vor dem BACKEN.

KUCHENFORM MIT BACKPAPIER ODER BRÖSELN ODER BUTTER ODER ALLE DREIEN ...

DOSAS sind leckere, salzige und säuerliche indische Crêpes. Machen pappsatt.

1 DAS GETREIDE WASCHEN

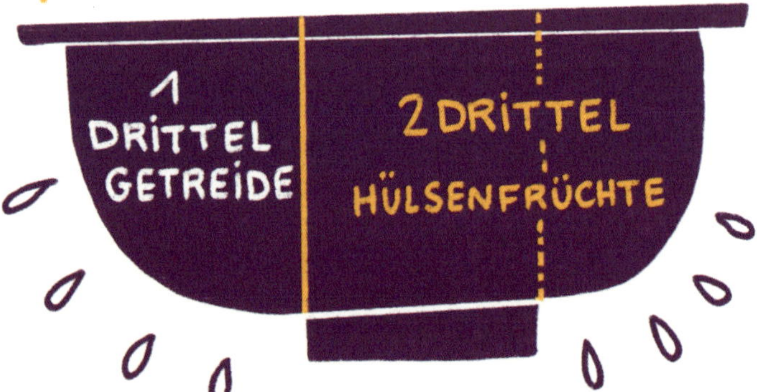

Traditionell nimmt man REIS und Urad-Dal-Linsen. Man kann sie aber auch mit dem, was man gerade zur Hand hat, machen!

2 MINDESTENS 12 STD. (eine Nacht) IN 3X DES WASSERVOLUMENS EINWEICHEN.

DANACH ABTROPFEN LASSEN & GUT ABSPÜLEN

3 MIT ETWAS WASSER & GEWÜRZEN MIXEN

→ Konsistenz wie Pfannkuchenteig

← TUCH

4 24 STD. BEI WARMER ZIMMER-TEMPERATUR FERMEN-TIEREN LASSEN. WIE DAS AUFGEHT !!

GROSS planen

5 SALZEN, DANN IN DER PFANNE MIT ETWAS ÖL WIE DICKE CRÊPES BACKEN.

PASST PERFEKT ZU CURRYGERICHTEN, ZU CHUTNEY ODER JOGHURT

...

♥

OVERNIGHT PORRIDGE (=über Nacht)

ist ein flexibles, mega-tröstliches und super nahrhaftes Frühstück!

ZIMMER-TEMPERATUR

AM VORABEND MISCHEN:

- 1x GESCHROTETES GETREIDE (HAFERFLOCKEN, ...)
- 3x FLÜSSIGKEIT (WASSER, PFLANZLICHE MILCH, ...)
- 1 EL «AKTIVATOR» VOLL MIT GUTEN MIKROBEN (JOGHURT, SAUERTEIG, KEFIR, MISO ...)

AM MORGEN

Man kocht das Ganze im Topf mit etwas Fett und einer Prise Salz. So lange rühren, bis die Flüssigkeit absorbiert ist. Serviert wird es mit Obst, Nüssen, Erdnussbutter, Honig, Gewürzen ... Ganz wie man will!

SAUERTEIG
KLEINE EINFÜHRUNG

DER SAUERTEIG

Das sind Mehl, Wasser & Luft, die sich in ein Hotel für die LAKTOBAKTERIEN & HEFEN verwandeln.

LAKTOBAKTERIEN:

SÄUERN AN (MMMH)

SPALTEN DIE GROSSEN MOLEKÜLE (BEKÖMMLICHER)

HEFEN:

GEHEN AUF

BILDEN ALKOHOL (DAS RIECHT MAN)

Bei Sauerteig ist alles eine Frage von ZYKLEN. Damit er glücklich ist, muss man ihn regelmäßig verwenden.

Sauerteig braucht PFLEGE & ZEIT. Um ihn ranken sich oft viele Geschichten und Rituale.

Viele Leute haben einen Sauerteig – er ist zum Teilen gemacht! Adoptiert man einen Sauerteig, kann man sich gleich bei der abgebenden Person über ihn informieren.

Die Alternative ist, sein eigenes SAUERTEIG-BABY zur Welt zu bringen.

DAZU BRAUCHT MAN:

BIO-MEHL! AM BESTEN MISCHT MAN AM ANFANG WEIZENMEHL (WEISS) & ROGGENMEHL.

CHLORFREIES WASSER

WARME ZIMMERTEMPERATUR

EIN GEFÄSS VON 500G MIT DECKEL (NICHT GUT VERSCHLOSSEN). ZUM UMRÜRHEN EMPFEHLE ICH EIN MESSER MIT RUNDER SPITZE!

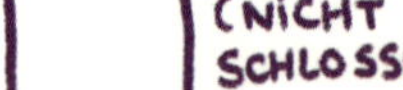

≈ 1 WOCHE, IN DER DU IN DER NÄHE BLEIBST!

TAG 1

MISCHEN:

- 50 G WASSER
- 25 G WEIZEN-MEHL
- 25 G ROGGEN-MEHL

TAG 2

T1 WIEDERHOLEN.

TAG 3

100 G AUS DEM GEFÄSS ENTNEHMEN, DANN T1 WIEDERHOLEN. DAS IST EINE «AUFFRISCHUNG».

TAG 4 UND +

T3 WIEDERHOLEN.

NACH EINER WEILE TAUCHEN BLASEN AUF, ER GEHT AUF…

ER IST GEBOREN!

Ist der Teig schön aktiv, bewahrt man etwas davon im Kühlschrank auf. Wird er 2 Wochen lang nicht verwendet, am besten auffrischen!

Man verwendet den Sauerteig dann, wenn er auf seinem «HÖHEPUNKT» ist. Gut aufgegangen, schön aktiv. Das ist er ≈ 6 oder 12 Std. nach einer Auffrischung (je nach Sauerteig und Temperatur).

Die ZEIT lässt einen Teig AUFGEHEN und macht ihn bekömmlicher. Das ist das Werk der Mikroben!

Man kann auch inaktiven Sauerteig nehmen (das man zum Beispiel zum Auffrischen abgezweigt hat). Er ist eine säuerliche und bekömmliche Zutat für andere Rezepte. Er lässt den Teig nicht aufgehen.

IST ER AKTIV, KANN ER ALS AKTIVATOR FÜR GETRÄNKE, PORRIDGES … EINGESETZT WERDEN.

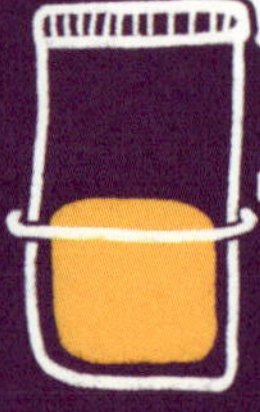

GUMMIBAND ZUM MESSEN, WIE STARK ER AUFGEHT!

SAUERTEIGBROT BACKEN IST ZU KOMPLEX, UM AUF NUR EINE ODER ZWEI SEITEN ZU PASSEN. ABER MAN KANN DEN SAUERTEIG AUCH ANDERS VERWENDEN.

HEFE DURCH (AKTIVEN) SAUERTEIG ERSETZEN

EIN BISSCHEN MATHE …

1. DER SAUERTEIG MUSS ≈ 15 % DES GEWICHTS DER ZUTATEN AUSMACHEN
2. MAN LÄSST AUS DEM REZEPT DAS WEG, WAS MAN AN SAUERTEIG ZUGIBT

ZUM BEISPIEL:

50 G SAUERTEIG = 25 G FLÜSSIGKEIT + 25 G MEHL

3. MAN LÄSST IHN ≈ 6 STD. RUHEN

PERFEKT FÜR PFANNKUCHEN-, CRÊPE-, FOCACCIA-, PIZZA-TEIG …

SAUERTEIG-CRACKERS

EINE DÜNNE SCHICHT (AKTIVEN ODER INAKTIVEN) SAUERTEIG AUF BACKPAPIER VERTEILEN

SALZEN, WÜRZEN!

(MIT ZAATAR SIND SIE FANTASTISCH)

IM OFEN BEI 200 °C, BIS SIE KNUSPRIG SIND!

≈ 20 MINUTEN

KANN MAN TAUSEND JAHRE IM TROCKENEN AUFBEWAHREN.

HÄUFIGE PROBLEME
& EIN PAAR TIPPS ZUR BERUHIGUNG

PROBLEM?	WAHRSCHEINLICHE URSACHE
EINE LAKTO-KULTUR HAT SCHIMMEL!	• Sie war in Kontakt: – mit Luft – mit schmutzigen Händen oder einer schmutzigen Gabel. • Das Gefäß schließt nicht dicht. Am besten Gefäße mit Bügelverschluss nehmen.
ES SCHWIMMT EINE WEIẞLICHE SCHICHT (BIOFILM).	Da sind Hefen durchgegangen. Nicht gefährlich, nur unangenehm.
DAS AUSSEHEN IST… SELTSAM!	Es schäumt, die Salzlake ist klebrig, die Hefen setzen sich am Boden ab… das fermentiert und ist ein gutes Zeichen!
DAS GEMÜSE IST ZU SAUER ODER ZU WEICH.	Die Kultur war zu lange / zu warm (zum Beispiel im Sommer).
ES FERMENTIERT NICHT!	• Es war nicht warm genug zu Beginn des Gärvorgangs. • Die Grundzutaten enthalten antibakterielle Elemente.

LÖSUNG / AUSWEGE

- Riechen, beobachten, sich selbst vertrauen. Hat der Schimmel eine seltsame Farbe: wegwerfen.
- Beim nächsten Mal: das Gefäß besser auffüllen (bis 2 cm unter den Rand), während der Fermentation nicht öffnen, die Lebensmittel gut in die Salzlake eintauchen (siehe S. 44).

- Man kann die Schicht entfernen, die Kultur in den Kühlschrank stellen und schnell aufessen.
- Beim nächsten Mal, wenn es sich um eine Flüßigkeit handelt, die fermentiert: öfter umrühren!

Beobachten, riechen, probieren. Mach dich schlau und stelle Fragen!

- Das Gemüse kochen, mit Fett, um die Säure auszugleichen, weiches Gemüse pürieren!
- Beim nächsten Mal: schneller ins Kühle stellen. Einen Gerbstoff (Lorbeerblätter, Eichenblätter...) für eine bessere Konsistenz zugeben.

- Nochmal anfangen! Manchmal braucht es eine Zimmertemperatur von über 20 °C zum Starten. Im Winter in die Nähe eines Heizkörpers oder höher stellen.
- Eine Zutat austauschen (siehe S. 49).

Damit Kulturen, bei denen **Gärstoffe** beteiligt sind (SAUERTEIG, KEFIRKÖRNER, KOMBUCHA-MUTTER UND ANDERE MIKROBENKOLONIEN ...), nicht **sterben**, macht man am besten **BACK-UPS**!

GÄRSTOFFE VERSCHENKEN, ENTWÄSSERN UND MANCHMAL EINFRIEREN –

das ist die ideale Gelegenheit, um Erlebnisse unbesorgt verpassen zu können.

GLÄSER KAPUTT
MIKROBEN TOT
VERSCHIMMELN LASSEN
SACHEN VERLOREN
ZEUG VERGESSEN
ZUSCHAUEN
WIEDER ANFANGEN

• • •

AM ENDE WIRD ALLES LAUFEN.

KÜSSCHEN ♥

QUELLEN, IDEEN & MOTIVATION

AUF DEUTSCH

- Sandor Ellix Katz: So einfach ist Fermentieren. Verlag Kopp 2014
- René Redzepi / David Zilber: Das Noma-Handbuch. Verlag Antje Kunstmann GmbH 2019
- www.sauer-macht-gluecklich.de
- Essbare Alchemie Workshops in Berlin
- Cosima Bellersen Quirini: Fermentieren. Das Rezeptbuch. Verlag Eugen Ulmer 2015

EN FRANÇAIS

- Les livres de Marie-Claire Frédéric & son blog www.nicrunicuit.com
- Les livres & conférences de Marc-André Selosse
- Les livres & ressources en ligne de Malika Nguon, Luna Kyung, Valérie Zanon ...
- Saveurs Savantes, podcast France Inter

IN ENGLISH

- All Sandor Ellix Katz books and the zine "Wild Fermentation: A Do-It-Yourself Guide to Cultural Manipulation", available online.
- Rachel de Thample: The River Cottage Fermentation Handbook. Bloomsburry Publishing PLC 2020.
- "It's alive with Brad", a series of videos on "Bon appétit" Youtube channel.
- Podcast: "The Food Programm, The Art of Fermentation – A Masterclass & The Fermentation Revival, BBC Radio.
- Edible Alchemy's online courses & ressources.
- @Kobofermentary's Instagram page.

Es gibt eine ganze Welt zu entwickeln!

Impressum

Die in diesem Buch enthaltenen Empfehlungen und Angaben sind von der Autorin mit größter Sorgfalt zusammengestellt und geprüft worden. Eine Garantie für die Richtigkeit der Angaben kann aber nicht gegeben werden. Autorin und Verlag übernehmen keine Haftung für Schäden und Unfälle. Bitte setzen Sie bei der Anwendung der in diesem Buch enthaltenen Empfehlungen Ihr persönliches Urteilsvermögen ein. Der Verlag Eugen Ulmer ist nicht verantwortlich für die Inhalte der im Buch genannten Websites.

Anmerkung zur Schreibweise (Gendering): Gendergerechtigkeit und Inklusion sind bei uns gelebte Praxis – bei der Auswahl unserer Themen, bei der Recherchearbeit, in der Gestaltung. Unsere Texte meinen alle. Damit unsere Inhalte jedoch gut lesbar bleiben, verzichten wir in diesem Werk auf die jeweilige Mehrfachnennung oder Anpassung der Schreibweise bestimmter Bezeichnungen an die weibliche, männliche oder diverse Form.

Bibliografische Information der Deutschen Nationalbibliothek
Die Deutsche Nationalbibliothek verzeichnet diese Publikation in der Deutschen Nationalbibliografie; detaillierte bibliografische Daten sind im Internet über http://dnb.d-nb.de abrufbar.

Die französische Originalausgabe erschien erstmals im Jahr 2022 unter dem Originaltitel „Fermenter presque tout avec presque rien" bei Les Éditions Ulmer. www.editions-ulmer.fr

Deutschsprachige Ausgabe:

Wollgrasweg 41, 70599 Stuttgart (Hohenheim)
E-Mail: info@ulmer.de
Internet: www.ulmer.de
Projektleitung & Lektorat: Jennifer Zajonz
Übersetzung: Claudia Händel
Herstellung: Judith Schumann
Umschlaggestaltung: Verlag Eugen Ulmer
Satz: Mohammed Ahmadi
Druck und Bindung: Printer Trento S.r.L., Trento-Gardolo
Printed in Italy

FSC www.fsc.org MIX Papier | Fördert gute Waldnutzung FSC® C015829

ISBN 978-3-8186-1943-5